지금
여기
행복의 장소

손성자 시집

| 시인의 말 |

오랜 시간 동안 시집을 낸다는 것에 망설였다.
그러다 어느 날 용기가 찾아왔다.
멈추면 비로소 보이는 것들이 있다고 했던가.
앞만 보고 달리기만 하던 여인.
잠시 멈춰 서면서 뒤도 돌아보았다.
하루하루를 단거리 선수로 살아왔다.
숨차게 돌아가던 삶,
나의 삶을 쏟아부어도 다 받아주는 친구가 생겼다.
작은 틈에서 만난 친구.
그 누구에게도 하지 못한 말을, 내 아픔을, 내 슬픔을
새까맣게 쏟아부어도 다 받아 주는 시 친구.
영원을 약속한 별, 바람, 햇살 같은.
나는 떠나도 영원히 내 곁에 있을 벗 하나.
내 시가 그 누군가에게도 벗이 되었으면 하는 마음에
이 시집을 엮어 본다.
이 글을 쓰는데 수많은 얼굴이 스친다.
"감사합니다."
나를 일으켜 세워 준 이들이여
부디, 지금 여기서 행복하자고요.

| 추천사 |

詩語로 풀어쓴 당당함의 미학!

한국문학신문 이사장 **임수홍**

시인은 누구나 자기의 무게를 갖고 있다. 어떤 사람은 바람에 휩쓸리는 가벼움으로 사는 사람도 있고, 흔들리지 않고 중후함으로 무게를 느끼면서 사는 사람도 있다. 중요한 것은 얼마나 자기화의 삶을 의미로 엮어가는 개성의 귀환이 몸에 철저하게 베여있냐다.

손성자 시인의 詩는 젊은 날은 날뛰는 무게였고, 지금은 중년이 되어 진정한 생의 의미를 싣기 위해 나그네의 여정을 소화하는 시간을 보내고 있으며, 앞으로 다가올 노년의 삶은 나이의 사다리가 높아질수록 반비례의 무게가 되어 가벼워질 수밖에 없기 때문에 진솔한 삶의 성찰을 통한 지적 여정(旅程)과 시적 기교의 완성도를 기대해 본다.

손성자 시인의 시로 들어가는 입구는 호쾌하고 상쾌하다. 구불거리는 것이 아니고, 일직선으로 머뭇거리지도 않는다. 그것은 지난 30여 년 동안 앞만 보고 달인의 경지에 오를 정도로 오직 한 가지 일에만 집중했기 때문에 자기가 그리는 삶은 언제나 프로페셔널 같이 당당하다. 그러한 개성의 독특성이 넘치는 문패를 달고 방문객을 맞아들이는 모습을 상상해보라.

이번 시집에는 평생 갈고 닦은 140개의 귀한 진주를 20개씩 엮여 하나씩 차곡차곡 쌓아 영원히 변치 않을 7개의 진주 탑을 경주에 쌓았다. 석탑들 사이에서 빛날 진주 탑······.
 흔히 문학은 고뇌의 미학이라고 한다. 긴 시간 동안 인내하면서 터널을 지나야만 새로운 창조의 빛을 받아들일 수 있으며 자신의 이름을 세상에 떳떳하게 선보일 수 있을 것이다.

지난 시간 동안 오직 '詩'만이 내 곁에서 든든한 친구가 되어주었다는 손 시인.
 그래서 첫 시집 제목도 『지금 여기 행복의 장소』다.
 행간과 이면에 숨겨진 답을 알고 싶으면 꼭 이 시집을 읽어보시길 추천한다.

/ 차례 /

시인의 말 /3
추천사_ 임수홍 한국문학신문 이사장 /4

1.

봄 속에서 /16
목련 오니, 너도 그렇게 왔으면 /18
유채 꽃 피던 날 /20
가을 초대장 /21
그래서 좋냐 /22
탐스러운 과일이 열리기까지 /24
뚱뚱해지면 좋겠다 /25
가을 맛 /26
비가 내렸어 /27
파의 사랑방식 /28
2월에 눈이 내리는 것은 /29
보라색 심장 /30
확 /32
스무 살 바람 /33
감기 /34
명작 /35
청춘 /36
짬 /37
노을 /38
출산 /39

/ 차례 /

2.

그곳에 종鍾이 산다	/ 42
나이를 잘라 드립니다	/ 44
가뭄	/ 45
괭이꽃을 보며	/ 46
시詩로 담근 고추장	/ 47
세월	/ 48
물 속 풀의 생각	/ 50
바쁘다 꽃	/ 51
칡꽃	/ 52
매끈하고 예뻐야 팔리지	/ 53
어느 가을날	/ 54
풀렸다	/ 56
아카시아	/ 57
하늘이 예쁜 날	/ 58
중년의 선수생활	/ 60
행복의 장소	/ 61
나의 정원	/ 62
어느 미용사의 하루	/ 64
마음이 허할 때	/ 65
고백	/ 66

3.

어두운 정오正午	/68
봄비	/70
배경의 갑질	/71
지하 여인숙	/72
장마	/73
화장	/74
8월 너는	/75
그 남자의 애인	/76
그녀처럼	/78
어느 잡초의 생존 방식	/79
내 행복은	/80
사진을 찍으며	/82
자화상	/83
마음 씻기	/84
쓰레기통	/86
이력서	/88
미역국을 끓이며	/90
연탄	/91
장미	/92
영혼 수선공	/93

/ 차례 /

4.

안부	/96
드라마를 보며	/97
노목을 바라보며	/98
헐렁해지다	/99
꽃씨가 전하는 말	/100
주말의 가치	/101
풀을 뽑다가	/102
겨울, 그가 내린다	/103
멀리서 바라본 나무 한 그루	/104
잊혀가는 이야기들	/105
장맛비	/106
냄비 닦기	/107
겨울나무	/108
처음	/110
벚꽃 생각	/111
거짓말	/112
길목	/114
밤낚시	/115
들풀도 웁니다	/116
황태	/117

5.

고추장을 돌려주세요	/ 120
눈 내리는 날	/ 121
인생	/ 122
씻을 수 있다면	/ 123
그녀를 찾습니다	/ 124
난 돌아 날 거야	/ 125
봄비	/ 126
날개	/ 127
넌 빛이야	/ 128
바닥이 있다는 것	/ 130
홀로 핀 풀꽃	/ 131
환하게 웃는 꽃	/ 132
새로운 내일을 위하여	/ 134
봄비 편지	/ 136
기적	/ 138
해바라기	/ 140
선풍기	/ 142
수세미의 꿈	/ 143
감자꽃 필 무렵	/ 144
얼음 등	/ 146

/ 차례 /

6.

상처	/ 150
어떤 삶	/ 151
허기	/ 152
여름휴가	/ 153
낙엽	/ 154
정지선 위에서	/ 156
없다	/ 157
목련	/ 158
나뭇잎 떨어져	/ 160
소고기국 처방	/ 162
여름날 소나기	/ 163
어느 소녀의 꿈	/ 164
찔레꽃이 내린다	/ 166
배고프다	/ 168
선물 같은 오늘	/ 170
긍정을 심다	/ 171
터널을 만난 다는 것	/ 172
지금처럼	/ 173
건배	/ 174
탓	/ 175

7.

5월	/ 178
7월 연꽃의 미소	/ 179
가로등 당신	/ 180
겨울이 오는 길목에서	/ 181
괭이꽃을 보며	/ 182
글을 씻어요	/ 183
나에 일에게	/ 184
당신, 아무런 말이 없어도	/ 186
북천거랑	/ 187
말은 쉬운데	/ 188
가을이 오는 길	/ 190
절이 늙었습니다	/ 192
초록과 분홍이 만나면	/ 194
사는 이유	/ 195
갈잎의 교훈	/ 196
그냥 그렇게	/ 198
나비와 같은 마음	/ 199
시詩 아버지	/ 200
행운목 꽃 피우다	/ 202
연둣빛 유혹	/ 204

제1부

봄 속에서

따사로움만이
그저 훈풍에 날리어
여기저기 손 닿는 곳마다
어여쁜 꽃 피기를 바라는 마음

봄은 너무 예뻐 앓이가 없으리
팡팡 터지는 웃음만이
대지에 출렁거리기를

한 잎 두 잎 꽃이 지고
어리석음 덜어내어
봄이라는 둥지만이 함께 하기를

계절은 봄인데
어찌 겨울보다 더 차가운 이슬이
하늘로 올라가 구름 만들어
우울한 눈물로 내리는지

살아보니 인생 별것 아니더라
아이야 우리 봄 속에 살자꾸나

웃고 살아도, 울고 살아도
이렇게 겨울은 찾아오지 않더냐

아아, 그 이슬 그 구름
저 멀리 밀어내고
우리 포근한 봄으로 살자꾸나

목련 오니, 너도 그렇게 왔으면

계절이 뚜벅뚜벅 걸어간다
달리면 보지 못하는 너의 모습
천천히 오솔길 걸어
옷깃만 스쳤을 뿐인데
작은 눈 비비며 발길을 잡는다

너 언제 왔느냐 목련을 부르니
얼음 속 세월 견디고 나니
햇살이 온몸을 감싸주며
봄으로 가는 길을 일러 주더란다

아! 이겨내야 오는 것이
봄이로구나
아리게도 추운 이 겨울 보내고 나면
꽁꽁 얼어붙은 마음 가지에
새 눈이 움트며
작은 꽃이라도 피울 수 있으려나

기다리고 또 기다린 시간
시린 인생아
너도 목련 손잡고 같이 오려무나
봄의 따스한 품으로

유채 꽃 피던 날

노란 물결 위에 배를 띄우니
봄을 그리는 젊은 연인들
또 한 번의 봄을 담는 노부부
아이들 웃음소리까지
돛단배에 올라타
눈이 부신 햇살 아래
4월은 노를 저으며
아늑하게만 느껴졌던 지평선으로
항해를 한다
도착한 선착장 푯말
'여기는 행복 항입니다.'
쉬어도 좋은 곳에 닻을 내려본다

가을 초대장

그 뜨겁던 여름을
한바탕 비가 데려갑니다
사뭇 달라진 바람결
여름옷을 벗어던지고
단풍 옷으로 갈아입습니다
그리고는 지쳐 있는
당신을 초대합니다
하늘에는
따사로운 구름 몇 조각 펼쳐 들고
한바탕 웃고 있는 햇살이 내리는
당신의 체온을 식혀줄 바람도
겨드랑이 사이로 파고듭니다
힘들었던 당신 마음
모두
이 가을이 가져갈게요
이제
당신은 행복한 가을의
주인공입니다

그래서 좋냐

처음 만날 때 그녀는
긴 머리에 수줍음이 많은 여인이었지
파란 포대기에 아가를 업고
입가에 미소가 예뻤어
우리는 친구가 되어
태양이 녹슬 때까지
우정이 영원하리라는 맹세는
늘 봄이었지

나이가 먹는 것만큼
부도 그녀를 따라
입에 돈이 다래다래 열리는 날
우리는 이별했지
우정을 잃은 새는
부리가 붇어지도록
허공을 쪼아 대며
울었지

어느 날, 새 없는 하늘에
오색의 풍선이 바람을 가르며

춤을 추더군 그때 알았지
새는 없어도 풍선이 있다는 걸
그래서
새가 없어도 좋냐?

탐스러운 과일이 열리기까지

여린 묘목이 버려졌다
당신의 땅이 척박瘠薄하여
어느 절집 마당에
버려진 나무 한그루
버려진 이에게도 꿈이 있을까
나무는 힘들었지만
몇 줌의 햇살 받아먹고
이슬로 목을 축이며
열심히 노력했다
바람이 불어오면 바닥 가까이
눈이 내리면 눈을 꼭 감고
추위를 이겨냈다
간혹 들려오는 불경소리에 마음을 기대며
견뎌낸 세상 모든 것들은 아름답다 했던가
이겨내야 한다
생각을 바꾸면 이 땅은 비옥肥沃하다
삶을 스스로 만들어갔다
언젠가 그날이 오면
인생, 탐스러운 과일이 열릴 테니깐

뚱뚱해지면 좋겠다

눈부신 아침을 걷는다
하늘은 파랗고, 모든 것이
익어가는 계절
붉고도 탐스러운 꽃
누렇고도 꽉 찬 벼
푸르고 먹음직한 과일
젖가슴처럼 부둥켜안고
배를 채우는 벌을 보았다
뚱뚱하다
먹는 행복이 얼마나 컸으면
저리 되었을까
우리 행복도 살찌는지 모르게
뚱뚱해지면 좋겠다

가을 맛

가을바람 찍어 맛을 봅니다
떨떠름한 감 맛이 나기도 하고
새콤달콤 사과 맛이 느껴지기도 합니다
높은 하늘에
흩어진 구름이 눈물을 모을 때
짠맛이 가슴으로 내려와
고향집 뜰
하얀 구절초 밭에 저를 내려놓습니다
소녀는 꽃잎 따다가
마루에 걸터앉아
투명한 찻잔에 어머니 말씀 타서
한 모금 삼키면
활짝 웃는 모습이 왠지 슬퍼 보입니다
가을은
그리운 맛을 내나 봅니다
구수한 누룽지 맛이
바람 타고 흩날립니다
그렇게 가을은
깊은 맛을 우려냅니다

비가 내렸어

열리는 구름 사이로
중년은 밝아오고
오르고 또 오르는 산길에서
비를 만났어
아니, 소리만 들렸어
나무가 우산이 되어
비를 받쳐주더군
애써 만난 오늘이
젖을 뻔했는데
산은 넉넉한 품을 내어주었어
세월 중턱에 걸터앉아
따뜻한 차 한 모금으로
어제를 씻었지
내려오는 길에도
비는 내렸어
흙 내음이 마음 가득 진동
나의 내일이랄까
산에서 내려오고 보니
비는 내렸고, 가을은 왔더군

파의 사랑방식

하얀 눈이 내려 꽁꽁 언 땅에서도
당신은 무뚝뚝하지만 웃고 있네요
어느 날
당신을 잘라내어도
다시 자라서 나를 바라보는 눈빛은
처음처럼 애틋합니다
당신은 왜 변하지 않는 거예요
꼭, 영원한 사랑 이야기를 하듯
우리가 함께 한지도 언 삼십 년
이 정도 되면 사랑이라고 하지 않고
정이라고 하더군요
파는 오늘도 변함없이 자라납니다
말끝에 베어도, 풍파風波에 상처를 입어도
언제 그랬냐는 듯
늘 처음처럼 푸르게

2월에 눈이 내리는 것은

2월에 눈이
왜 내리는지 아세요
그간 싸인 삶의 찌꺼기를
씻어 주려고 내리는 거예요
어때요
눈을 맞으니
맑아지고
깨끗해지는 거 같지 않나요
이제
새로 쓰면 돼요
우리 인생
푸르게 푸르게
3월을 그려보자고요
어제를 씻었으니
오늘은 파릇파릇
새순이 돋습니다

보라색 심장

보라색 심장은 바람에 흔들리고
가녀린 줄기에 고개 내민 청초한 꽃송이
항아리 집으로 소담한 몸짓들을 쏟아내니
비좁은 방 안 가득 가쁜 숨 몰아쉰다

찬바람 불어대는 뜰아래 곱디곱던 얼굴은
간 데 온 데 없고 물기 하나 없는 모습
물 위를 걷고 있는 당신은
지난 시절 푸르른 꿈이었다

오작교 건너 화려한 삶 영위하다
초가삼간 돌아오니
삶을 퍼 올리던 펌프 소리도 사라지고
긴 묵상에 한숨 소리 잦다가
바람 안고 우는 갈대가 되었다

바다에 풍년 들어 일거리 밀리던 곳
현실의 단단한 벽이 생기고
바다는 말라 빈 껍질만 남아
그는 흑백 사진처럼 퇴색되어 간다

다시 봄이 와 하늘에서 내려주는 햇살에
기운을 얻고, 용기를 내어 바다로 나선 그는
넓은 뜰 안을 초록으로 물들이며
보라색 심장은 힘차게 뛰기 시작한다

확

봄 온다 온다
하더니
어느 날 갑자기 확

꽃 핀다 핀다
하더니
어느 날 갑자기 확

사랑할까 할까
하더니
어느 날 갑자기 확

뜸 들이며 오는 줄
알았는데
어느 날 갑자기 확

그러니
너의 봄날도
어느 날 확
꼭 온다

스무 살 바람

스무 살 바람이 불어와
내 볼을 만지니
나는 환하게 웃으며
활짝 핀다
여기저기
처녀 총각들의
연애 소리는
봄밤이 깊어가는지도 모르고
밤새 살랑살랑 비벼 된다
아
사랑의 흔적들이
세상을 온통 물들이네
붉고도 노랗게
푸르고도 파랗게
봄은
너도나도
스무 살로 만드네

감기

날씨가 감기에 걸렸다
수척한 처마 끝에
방랑하던 바람이 달려와
차갑게 창 가에 얼어붙었다

일그러진 얼굴은
어둠을 바르고
재채기를 쏟아 내며
콧물이 입술을 더듬다가
다시 적막 속으로 들어간다

이런 날은
아스피린 한 알
목안 깊숙이 털어 넣고
컴컴한 골방에서
깊은 잠에 빠져도 좋으련만

포박당한 오늘은
허공에다 마구 빈 손질하며
몸살을 앓는다

명작

삶
하나였는데 둘이 되는 것
둘이었는데 여럿이 되는 것
인생을
한 폭의 그림으로 담아봅니다
잠시 멈춰 앞을 바라보고
뒤도 돌아보는데
여럿은 떠나고
둘이 남았습니다
하얀 도화지 속에
삶이 가득했는데
이제 작은 여백 속에
둘이 어깨를 기대고
손을 꼭 잡습니다
그리고는
붉디붉은 노을
서로 끓어 안고
환하게 집니다

청춘

푸르고 아름다운 꽃다발이
내게로 왔다
일주일 동안 아름답더니
시들기 시작한다
청춘도 그랬구나
그렇게
빠르게
한여름 밤 꿈
깨고 나니
가을

짬

그것은 순간
내게도
오는 틈 같은 것
그 비좁은 시간 속으로
잠깐
들어갔는데
초록이 내리고
붉게 진다
아!
젊음은
짬

노을

하루가 쓰러지는 중이다
저 산 언저리에 아니 지평선 너머로
고달팠던 오늘이 길게 몸을 누이며
아픔을 토해낸다
가슴 언저리에 담아두었던 것이 무엇이기에
저리도 붉단 말인가
내 배고프다고, 내 몸뚱이 아프다고
어찌 어미로 말을 다 할 수 있단 말인가
참고 또 참는 거지
다 내어주어도 너무나 부족한 삶
저녁으로 지며
차마 뱉지 못한 사연들을
그래도 이 세상 살았다고 알리기라도 하고픈 걸까
내일을 위해 노을은 다리를 죽 펴는 중이다

출산

겨울 숲 지나
허공을 떠돌다
비를 따라 찾아온 너
문이 열리는 몸속으로
발을 디디며 뿌리내린다

꼬물거리는 작은 심장
땅속을 우주로 만들어
오늘, 내일, 모레
손꼽는 날이 가기도 전에
파란 들판에 양수를 뿌리며
형형색색 들꽃을 쏟아낸다

잔잔하게 흐르는 울음소리
실눈 뜬 봄꽃은
초록 배냇저고리 걸치고
넓은 뜰을 배밀이한다

겨우내 사랑놀이하던
땅속의 이야기는
지금 출산 중이다

제2부

그곳에 종鍾이 산다

흔적도 뜸한 길모퉁이 돌아서면
빨간 처마에 하얀 등이 불 밝힌 곳
온종일 사람을 기다리는 종이 산답니다

종소리 흐드러지게 울리는 날은
밥솥도 함박웃음 쏟아내고
종소리 뚝 끈긴 날은
냄비도 말라 버린다지요

밥솥에 종이 살아요
국 냄비에 종이 산답니다

머리카락 공중에 부양하면
작은 가위질이 비단을 자아내고
손끝에 힘줄도 색동옷을 입습니다

종소리 자지러지게 웃는 날은
상다리 부러지게 음식을 차려 놓고
동수도 부르고, 영숙이도 불러
유년시절 배고픔을 잊어 보렵니다

동네 길모퉁이 돌아서서
두 번째 검은 대문 안에
평생을 울고 싶은 종이 살고 있답니다

나이를 잘라 드립니다

사각사각 가위소리 정겨운 그곳에
여인은 웃음이 많다나 봐
온종일 깔깔깔 껄껄껄
뭐 경제도 안 좋다고 불만 가득한 사람들도
그곳에만 가면 일단 웃을 수밖에 없다나
가보니 별것도 없더라고
그냥 큰소리도 웃더라고
그런데 전염병처럼 웃음도 그렇더군
그날 기분이 필요한 사람들은 일단
그곳에 들린대
사업하는 양반들이 많다나
그런데 말이야 그 여잔
나이도 잘라줘
머리카락 길어봐, 머리카락 허예 봐
그 여자 손길 몇 번 가더니
나이가 싹둑싹둑 잘려 나가더군

가뭄

하얀 글밭에 씨를 뿌렸다

해는 거듭되는데
오라는 단비는 오지 않고
뜨거운 햇살만이 대지 가득 태운다

싹은 고개를 들다 말고
저 넓은 들판
풀 한 포기 피우지 못하니

하얀 밭고랑 보고 느꼈던 흥분
열정과 희망 점점 사라져 가고
말라버린 심전(心田)에
비라도 적셔준다면

다시 일어나
넓은 초원을 뛰어다니는
양 떼들의 심장이 되리

괭이꽃을 보며

구석지고 메마른 뜰에도
인적 없이 바람만 머문 뜰에도
어느 곳이든 마다치 않고
아침이면, 이슬로
세수한 맑은 미소
금빛 얼굴
작은 키를 곧추세우고
초록 치마폭에 당당함을 품은
너를 닮고 싶다

시詩로 담근 고추장

시가 외출했다
어느 여인의 손에 올려져
한참을 읽히더니
고춧가루를 묻히고
엿기름을 넣어
국자로 둥글게 젓는다
어머니 마음도 한 스푼 넣고
넉넉한 아주머니 인심도…
걸쭉하게 문장을 버무린다
시가 돌아오더니
내 손에 빨간 고추장이 쥐어졌다
붉은 어머니 얼굴이
지난날을 툭툭 던져보지만
소리 없이 울림만 가슴으로 스민다
시로 담근 고추장이
오늘은 맵고도 달달하여 눈시울이 젖는다

세월

오라고 해도 다시 오지 않을 거예요
그렇게
다그치면 안 되는 거죠
딱
한 번만
제 편이 되어 주시면 안 되나요
딱
한 번만

제가 떠날게요
잡지도 않겠지만
잡히지도 않을 거예요
때론 행복이었고
때론 고통이었어요
어떤 이는 덧없이 보낸 날이라 하지만
내게는 초침보다 더 빠르게 지나간 날
미련도, 후회도…
그렇게 달려가지 말아요
한낮에 햇살처럼 피었다가
어둠으로 내리고 마는

그런 빛은 되기 싫어요
그저 유유히 흐르다가
어느 강 언저리에 잠시
윤슬처럼 머물다 가겠어요

물속 풀의 생각

겨울, 호수가 얼었다
꽝꽝 언 물 밑으로
생명이 숨 쉰다
차가워 말라버린 작은 풀
자갈에 발을 묻고
고개 들지 못하는 얼음 안에서
눈을 꼭 감고
깊은 생각에 잠겼다
살을 에는 추위에도
삶을 끌어안으며
아픔을 침묵으로 대신하는 생명

온다 그래 온다
따스한 햇살에 꽃을 피웠던 그날은
다시 꼭 올 거라 주문을 외며
물결 따라 흔들리는
저 갈색 풀은
푸르른 그날을 위해
오늘을 견디는 중이다
나의 하루를 이야기하듯

바쁘다 꽃

인생은 꽃 밭
땅을 만나 입 맞추며
꽃피운다고
눈 한번 감았다 떴는데
주름지니 문신도 해야 하잖아
언제 한가하냐고?
다들 같은 대답
다음 생은 모르니 말이야
죽어야 끝이 난다나
아! 오늘도 날갯짓을 얼마나 했는지
꽃잎 마디마디가 떨려
기다렸는데 어느덧 지천명(知天命)
한가해지려나 하고 말이야
요양원에도 꽃은 펴
자식을 품은 달맞이꽃
바쁘다 꽃은 나이도 없나 봐
평생 바쁘데

칡꽃

여름이 산을 오릅니다
어떤 이는 더딘 시간이라 하지만
계절의 끝자락
칡넝쿨은 터널을 만들었고
꽃은 뚝뚝 지고 있습니다
발끝마다 번지는 향기가
잠시 살다 가더라도
영원한 꽃이고 싶다며 속삭입니다
보라색으로 물든 한숨이
붉은 해를 바라보며
살며시 눈을 감습니다
사랑이 지나간 자리의 흔적을
기억이라도 하듯

매끈하고 예뻐야 팔리지

장날 풍경이 날로 변한다
울퉁불퉁 튼튼하고 굵직하면
좋다고 잘 팔렸는데
갈수록 시장 풍경이 바뀌어

감자는 동글동글
오이는 죽죽 빵빵
대파도 다리는 길 죽
상추는 보글보글해야 하며
하다못해 호박도 탱글탱글 매끈해야 한다

그것참, 포동포동 튼실하면 좋다더니
날씬하고 예뻐야 잘 팔린다나
사람이나, 채소나
세월 따라 변하는구나!

어느 가을날

바람마저도 외롭다고 울어대던 날
훌쩍 떠나고 싶어
문밖을 나섰다

그 쓸쓸하다고 말하는 낙엽이
소복이 쌓여
무슨 할 말이 그리 많은지
지나칠 때마다 속닥거렸다
마치 나를 비웃기라도 하듯

어디로든 가야겠다는 생각으로
집을 나왔지만
갈팡질팡 발길을 돌리고 옮겨도
어느 한 곳도 갈 곳이 없다

아!
인생의 가을이 이리도 외롭고 쓸쓸하다니
몰랐다
저 대지大地 위 가을은 저리도 풍요로운데
나의 가을은 이렇듯 빈곤貧困하다

꽉 찬 거리를 홀로 서성이다
결국 돌아간 곳은
처음 그 자리

풀렸다

눈 내리는 겨울 아침
눈부시게 햇살 쏟아지는 창 앞에 앉아 뜨개질한다
바람과 햇살로 촘촘하게 짜 내려가는 이곳은
겨울이 아닌 거 같았다

찬바람이 짜놓은 꽁꽁 언 시냇물
빽빽하던 뜨개질 틈으로 한 코를 놓쳤다
풀렸다

아차 하는 순간
철없는 개나리가 웃는다
바짝 마른 잎새는 고개를 들고
속없는 철쭉은 붉은 입술을 내민다

놓친 한 코를 찾아 거기까지 풀었다
그리고 다시 뜨개질한다

풀린 것들의 웃음소리가 들린다
여기저기 모여앉아 웃는다
햇살 내리는 창가에 웃음소리 가득하다

아카시아

푸르던 그날이
뽀글 파마에 탈색을 했다

달달한 속마음 자식에게
다 내어주고

옹골차고 모진 어머니 소리는
담뱃대 끝으로 털어낸다

바람 따라 흔들리는 게
여자의 마음이라지만

여름 땡볕도 아닌데
홀딱 벗은 마음이
하얗게 흩날린다

하늘이 예쁜 날

하늘이 언제 가장 예쁜지 아세요
비 온 뒤예요
소나기가 지나간 뒤
하늘을 한번 올려다보세요
투명하고 맑은 하늘이
우리를 비추고 있네요
어! 햇살 위에 무지개도 그려졌어요
우리의 삶도 그런 거 같아요
한차례 삶의 소나기가
지나가고 나면
이상하게
꼭
기회가 오더라고요
소나기
아시죠?
힘드세요?
그거 금방 지나가요
지치고 힘들 땐
소나기가 내린다고 생각해요

비 그친 뒤
우리 삶은
더 단단하게 빛날 거예요
오늘
하늘이 정말 예쁘네요

중년의 선수생활

중년의 하루는
육상선수
그것도 단거리 선수
하루가 열리면
빨리빨리
숨이 턱 끝까지 차올라
숨이 넘어갈 때 즈음
어둠이 내리지
누가 일등 했는지도 몰라
밥상 하나도 못 받는
엄마의 선수생활

행복의 장소

일상을 벗어났다
맑은 하루가 나를 반긴다
맛이 다른 공기를 마신다
즐겁다, 행복하다
마음껏 웃었다
그리고 집으로 돌아왔다
다음 날, 출근했다
가슴이 두근거린다
어제보다
뜨거운 열정 타는 냄새
찾아와 주는 이가 있는
밥이 되고, 숨소리 요동쳐
우리 웃음이 가득한 곳
내게는 제일 행복의 장소
당신도 있으신가요?
싹둑싹둑 소리에
입가에 보조개
깊은 원을 그리는 장소

나의 정원

그러니깐 씨를 뿌린 지가
오래되었어
삼십 년이 다 되어가네
결혼하고
미용텃밭에 씨를 뿌렸어
그때는
씨앗 값이 꾀나 했었지
망설이다
결국 씨를 뿌려 보았는데
파릇파릇 새싹이 돋아나더니
여기저기에서
모종으로 쓴다고 불렀지
돌아다니다
뿌리를 내린
나의 열 평짜리 밭
작은 밭으로 모여드는
숱한 꽃들
정말 울창하게 피드라
밭에 가뭄이 찾아와
더 이상 꽃을 가꿀 수 없게 되었는데

그런데 말이야
꽃들이 하나둘씩 밭을 가꾸기
시작하네
꽃들의 전화벨 소리가
밭을 일으켜 세우는 거야
"우리는 이 밭이 꼭 필요해요"
몰랐어
꽃이 내게 열매만 내어 준 줄 알았는데
밭을 가꿀 줄이야
나의 정원 가득
다시 꽃들이 피기 시작하네요
노력할게요
당신의 황금 밭이 되도록

어느 미용사의 하루

울리는 휴대폰이
냄새를 맡았다
쪼르르
분명 목줄은 하지 않았다
손님 말에는 끈이 있어
아홉 시요 하고 울리면
꼬리 흔드는 강아지 되어
아래로
위로
옆으로 쫓아다닌다
검거나 희게 쌓인 나이를
쓰레기통으로 버리면
젊어졌어 당신들은
혼자 중얼중얼
버려진 오늘일까
채워진 오늘일까
끈 달린 말은
원장 원장 하며
온종일 꽃이라 하고픈 말
예약이라는 단어가
미용사 목을 땅기고 또는 풀어준다

마음이 허할 때

같은 공간, 같은 버릇
손이 먼저 말을 한다
커피 둘, 프림 둘 설탕 둘
변하지 않는 습관

창 밖으로 비까지 내리면
창에 그려지는 화면이
흑백 TV를 켠다

화면이 멈춘 곳에는
가출한 열정이 서성이고
그리운 고향이 머뭇거린다

빨간 흙이 덕지덕지 붙은 가마솥에
어머니는 꿈을 담아 밥을 펐다

남은 누룽지 펄펄 끓여
한 그릇 내밀던 그 따뜻함이 온몸으로 퍼지던 그날을
오늘은 진하게 시에 타서 벌컥벌컥 마셔본다

고백

감나무를 보면서 남편이 생각났습니다
넓게 펼쳐진 하늘 아래 양팔을 벌리고 있으나
때가 되면 떨어짐을 알면서도 점점 익어 가는 모습에

감이 아래도 향하면서 떨어지지 않으려 버티고 있는 모습에
탱탱하던 겉모습이 어느새 쭈글쭈글한 모습에
높은 곳에 있으나 결국 낙하하는 모습에

찬바람이 볼을 때려도
찬 서리가 가슴을 파고들어도
뙤약볕이 등위에 올라타도
봄 내음이 마음을 흔들어도
아무것도 모르는 척 열심히 사는 감나무를 보며
남편이 생각났습니다

그래서 고백합니다
"내가 세상에 태어나 가장 잘한 것은 당신을 만난 것이요"
"당신과 결혼한 것이요"
"우리 아들들을 낳은 것이라고."

제3부

어두운 정오正午

해가 바뀌었다
동지 지나가면서 낮의 길이도 길어져
ㄹ 자 거리를 걸어보았다
언제부터 바뀌었을까
커다란 창 앞에 붙은 두 글자
임대, 임대, 임대
정오쯤이면 시내라는 동네
가게 문이 열리고
상인들이 분주할 시간이지만
깜깜하다

시가지라고는 하나
작고 좁아서 시골 냄새 풍기는
오소, 오소, 싸니더
뭐 이런 소리가 들릴 법도 한데
조용해졌다

전등도 눈 감고
상인 소리도 점점 사라져
구석자리에 돌부처처럼

할머니 한 분만이 웅크리고 앉아있는
정오 어둠이 내리는 거리에
인생은 참으로 추웠다

봄비

이른 아침 밖에서 누군가 문을 두드린다
'똑똑'
문을 열고 나가니
꿈속에 나타나던
그리움이 내게로 왔다

눈길을 헤치고
바람을 맞으며
흠뻑 젖은 얼굴이
환하게 문을 열고 들어온다

푸석거리던 집은
촉촉이 젖어드는 미소에
구석구석 웃음꽃이 핀다

군에서 휴가를 나온 봄비가
우리 집 가득 봄꽃을 피운다

배경의 갑질

눈부시던
푸르던 날도 가고
색색이 곱던 날도 가버렸다

흐르는 것에게 다 내어주고
이젠 더 벗을 것도 없다며
맨몸으로 서 있는 나무

바라보니, 멋있다
비었다지만, 가득 차 있지 않은가
그건 아마도 배경 때문일 거야

부모 형제나 자식 배경
세상은 온통 배경으로
운도 타고 복도 타는구나
겨울 앞에 저리 당당한 걸 보니

내 오늘 저 마른 나무를 보고
온몸 움츠린 채로 발길을 돌린다
정처 없이 지나온 풍경을 향해

지하 여인숙

오늘도 살았다
해는 보이지 않고
막걸리 한 잔에 목숨 적시며
숨 쉬고 있다
별 그딴 거 보이지 않으니
창에 빛이 있을 리 없다
날 데려가 다오
아들을 쬐고 싶다
딸의 온기라도 쬐고 싶어
여기저기 연락처 찾아보지만
언제부터였을까
기억은 벌써 강물 따라 흐르고
쾌쾌한 냄새로 도배된 외벽은
얼룩진 곰팡이가
지하 곳곳에 진을 쳤다
아! 자식을 쬐고 싶은
지하 여인숙 등 굽은 이야기는
마른버짐처럼 오늘 하루
내 가슴으로 번지고 있다

장마

수많은 언어들이 쏟아져 내립니다
어둡잖은 말이 합치고 합쳐지더니
결국 뱉어집니다
쏴악~~~~ 쏴악
그게 아니라고
내 마음이 아니라고
빗줄기는 말을 하지만
이미 개울은 넘치고
누구 집 담장까지 넘을 태세입니다
휩쓸고 간 말의 흔적은
아픔만 남겼습니다
또, 내 뜻이 아니라고 말을 하지만
쏟아진 폭우는
우정을 두드리고
한동안 계속되는 비의 흔적은
이별 앞을 서성입니다

화장

우정이라는 얼굴에
화장을 합니다
눈썹도 짙게 그리고
볼연지도 밝게 칠하고
입술에는 미소를 그렸습니다
맑은 인연이라 여겼는데
말 한마디 서운함이
비누거품 되어
친구를 지우려 합니다
민낯을 가린 만남
진실을 숨기려고
우리는 매일 거울 앞에 앉아
색칠을 합니다
안 보이죠? 마음
너는 늘 화사하니까

8월 너는

너는 그러니깐 설 마흔
청춘도 아닌 것이 그렇다고
중년도 아닌 것이
다들 곱다고들 하지
푸르디푸른 잎은
퍼붓는 장마도 받아내고
내리쬐는 햇살도 이겨낼 줄 아는
활짝 핀 꽃다발
미친 듯이 일을 하고
뜨겁게 사랑하며
모든 것에 열정이 타오르는 나이
못하는 게 없다고 생각하는 계절
그 나이 서른의 끝자락
이제 곧 온단다
가을

그 남자의 애인

결혼하지 못한 중년 남자
하지만, 아직 일은 있다
쫙 빼입은 양복에
하루를 목에 동여매고
내일이라는 것을 벌로 나간다

온종일 바쁘게 시간을 쓰다 보면
어느새 어둠이 내려앉는다
집으로 향하는 길에는
그녀가 있다
여관이라는 이름에 반짝이를 달고
남자의 발걸음을 잡는다

아무도 없는 집에는
아침에 대충 널브려 놓은 물건들
오랫동안 사용 안 한 싱크대
걸쭉한 냄새가 난다
들어가기 싫어

그곳으로 향한다
가지런한 침실
뿌려둔 향기
하루 이틀…
여관을 끌어안는 모습이
불빛 아래에서도 시린
혼자 사는 남자의 오늘

그녀처럼

바람아 불지 마라
나뭇잎이 물들지 않니

나뭇잎아 물들지 마라
이별이 다가오지 않니

이별아 오지 마라
가슴이 시리지 않니

한 잎 두 잎 떨어지는
저 낙엽이 누군가의 눈물 같다

잡고 싶지만, 잡고 있지만
흐르는 세월처럼

그녀처럼
그렇게 떠나는구나

가을이 또 지는구나

어느 잡초의 생존 방식

허름한 벽 사이에서 태어난 풀 한 포기
아래를 내려보니 낭떠러지
위를 쳐다보니 닿을 수 없는 먼 하늘
헐벗은 지금
발하나 틈에 묻고 버틴다
부는 바람에 때로는 희망이 꺾이고
내리쬐는 햇살에 가난이 타 들어가도
내일이라는 것만 부둥켜안는다
내일…
벽,
또,
벽
말라가는 삶에
비가 내린다
빗물이 갈증을 해소시켜 준다
다시 꿈을 꾼다
스치는 바람에 날아온 인연이라는 씨앗 하나
우리는 하나가 된다
그리고 조금씩 피어난다
꽃으로
너와, 나
우리

내 행복은

나는 오늘
완행열차에 탔으면 좋겠어
빠르지 않은 속도로 간이역마다 귀 기울여
이웃들의 얘기를 듣기도 하고
고향 같은 시골 냄새를 맡기도 하는

나는 오늘 맘껏 웃었으면 좋겠어
가벼운 동작에도
환한 미소를 쏟아내는 소녀로 돌아가
주름이 져도 좋은

오늘 나는
눈이 맑았으면 좋겠어
친구의 깨끗한 마음을 볼 줄 알아
즐거움이 마구 샘솟는
옹달샘 같은

나는 오늘
귀머거리면 좋겠어

소리 없는 노랫말에도
흥얼흥얼 따라 부르는 아이같이

나는 오늘 벙어리면 좋겠어
말로 전하지 못하는 사연
연필로 눌러쓴 엽서 한 장 띄워
아픔이 사랑 되고
슬픔이 행복 되는

그렇게
시와 우정이 다래다래 열리는
한 그루 나무였으면 좋겠어

사진을 찍으며

이른 아침 태양이 고개 드는 시간
집을 나선다
길가에 꽃들은 주단을 펼쳤고
한 발 한 발걸음이 노랫가락 되어
흥얼거린다
전화기 카메라를 기댈 수 있는 곳에
세우고는 사진을 찍는다
찰칵
드높은 양떼구름이
길가에 꽃들이
밝은 햇살이
배경을 만들어
전화기 화면으로 들어온다
너는 초라해도 괜찮아
내가 너를 치켜세워줄게
배경은 그렇게
말을 건넨다
나는 대답한다
괜찮아
내가 배경이 되어 볼게
너처럼 멋지게

자화상

곳간을 들여다본다
처음 농사지을 때 사둔
괭이며 호미가
허름한 벽에 기대 졸고 있다

숱이 많던 빗자루는
머리카락이 다 뽑힌
민둥산이 되어 바닥에 누워 있다

설익은 알곡은
좁은 마당에 다리 뻗고
햇볕에 몸을 맡기고 가을을 바라본다

농사짓는 손끝은 야문데
어깨를 누르는 무게에 투정이 많다
나이, 일, 돈

어느 것 하나 가벼운 게 없다
또 다른 중년에게
말을 건넨다
"네가 좀 가져 갈래?"

마음 씻기

우리가 살아가는 하루하루에
먼지가 낀답니다
가슴 한쪽에는 가족들이 던진 말이
온종일 일하는 동안은 세상사가 던진 말이
말뭉치가
문득문득 가슴을 쿵쿵 칠 때는
떠나보자고요
산도 좋고
바다도 좋고
일상을 던져 놓고
네모를 벗어나 보는 겁니다
그래서
산으로 갑니다
오를 때마다
땀방울이 걷어가는
가슴속 먼지들
콸콸 흐르는 물에
떠내려 보냅니다
아! 때 묻은 어제가 씻겨집니다
마음이 하얘졌습니다

다시 희망찬 오늘을
그릴 수 있게 되었습니다

쓰레기통

피우다 던져 버린 담배
웃다가 울어버린 얼굴
검게 그을린 청춘, 눅눅해진 백발
백사장 모래 위에 널브러진다

볼 위에 흐르다 말라버린 눈물
파도가 밀려와 벗겨간 신발
바람이 불어와 덮어버린 몸
물에 젖어 입혀지지 않는 옷
바위에 걸려버린 젊음이 흩어진다

마른하늘에 번개,
조용한 대지 위에 천둥소리
쉴 틈 없이 쏟아지는 비
밀려왔다 쓸려가는 모래알
새들이 앉은 바다 위, 이는 파문
바닷속 깊숙이 파고든다

삶으로 길어 올리던 월척은 꿈
멈춰버린 바다의 숨소리

길 잃은 고기들의 탈선
꿈이 말랐지, 희망이 사라졌지
절망 끝, 온통 밀려오는 잡념의 쓰레기를
버리고 또 버려본다
끝없는 넉넉함으로 모든 걸 받아 주는 바다
넌, 내 곁을 영원히 떠나지 않으리

이력서

중년 이력서가 잠을 잔다
뒷방에 우두커니 갇힌 채로
떠오르는 해를 보고 웃고
주름 잡혀가는 노을을 보고 운다

잘 팔렸던 때가 있었다
하얀 백지에 까만 점만 찍어도
기계에 쿡쿡 찍어져 나오는 페이지
그에게도 베스트셀러 시절이 있었다

뜸하게 불어오는 따뜻한 바람 한 줄기
'기다리세요.' 종이 한 장 다림질하며
문지르고 또 문질러 해지면
기대는 문밖으로 도망친다

서성이던 미련을 붙잡으러 나서지만
얼어붙은 나뭇가지에 올라앉은
백지 한 장
해는 서산으로 기울고
떠난 종이는 돌아올 줄 모른다

또 다시 그는 빈 수저를 들고
굳게 닫힌 대문을
쉴 새 없이 두드리겠지

미역국을 끓이며

냄비에 그리움을 두르고
기대를 볶는다

마음 가득 채운 냄비 속에
어머니가 끓여 주던 미역국은
스물두 살, 결혼한다며 떠나고
그날 이후론
생일 미역국은 맛볼 수가 없었다
그 국을
오늘 끓여본다

어느새 자라서 내 곁을 떠난
아들 녀석 미소를 풀어 간을 맞추고
출장 간 남편 사랑도 듬뿍…
넣을 건 다 넣었는데
상위에 놓인
국 한 그릇, 밥 한 공기, 숟가락 한 모에
적막이 흐른다

땡그랑 거리는 그릇 속에 비친
중년 어머니 모습을
고깃덩이에 꾹꾹 말아 삼켜본다

연탄

내가 너를 어찌 잊겠느냐
춥고 배고프던 시절
너는 우리의 전부였다
밥줄이고, 꿈이고, 체온이었다
그리고 동무들과 추억이었다
달고나 속에 스며든 우정은
꿈처럼 달달했다
눈에서 멀어졌다고
기억에서조차 떠나지 못했다
창백한 얼굴로 네가 떠나도
한때 우리는 정말 뜨거운 관계였다

장미

부모 잃고
누구 집 담장에 기대어
잠을 청한다
온종일 품팔이에
가시 박힌 발
피멍 든 사연은
꽃 좋은 오월
서럽게도 붉다

영혼 수선공

아버지 잃고
호적에도 올라가지 못한 아이
얼었던 삶
외톨이로 여기저기 궁긍
외갓집
아니면, 또 홀로 집을 지켰지
고팠어
엄마가 아니 아버지가 아니 사람이
영양실조 걸린 삶
앙상했었지
그래도 눈은 녹아
학교로 간 아이
내 머릿속, 내 가슴속
꽝꽝 얼어붙은 하루하루에
물 주고, 사랑 주고
따뜻한 마음 내어주는
선생님은
영혼도 수선해서
새 구두를 만들더군
반짝반짝

제4부

안부

좁은 틈에서 태어난
작은 풀꽃
맑다, 곱다, 강하다
너는 어디서 왔니?
부모는 누구니?
대답이 없다

숨이 막혀 터질 듯한
좁은 공간으로
우주를 만들고
밟혀도 다시 일어난다
너는 혼자니?
대답이 없다

알 수 없어도
온 길 몰라도
갈 길 몰라도
나는 강하다고
아버지!
그곳은 좀 어떤가요?
안부를 여쭙는다

드라마를 보며

눈치가 보여 울지도 못해
날씨가 머 맨 날 맑을까
비 오고
눈 오고
바람 불고
태풍도 치잖아
오늘은 무지무지 흐린 날
숲에 갇힌 날
길을 잃은 날
그래서 우는 거야
드라마가 슬프다고
너무너무 슬프다고
펑펑 울었어

노목을 바라보며

새가 부리를 잃었다
바람을 거슬러 여기까지 왔지만
세월에 깎인 나무는 발톱이 빠지고
뿌리는 주저앉는 중이다

세월의 겹을 벗기고
나무껍질을 벗기고
몸에서 수분이 빠져나가
뼈가 으스러졌다

온몸 허공을 찍는다
허물어지면서
아래로 아래로 바닥의 끝으로
주저앉지 못하고

미라로 우뚝 선 노목은
천 년이 지나도 할 말 하지 못했다
두 눈 꼭 감고 능 앞을 을 지키다
조각난 살은 땅속의
미련을 지금도 더듬거린다

헐렁해지다

중년의 여인이
문을 열고 들어온다

희끗희끗한 머리카락
화장기 없는 얼굴
누렇게 떠버린 피부가 창백하다

늘어진 고무줄 같은 옷차림
방금 일어난 듯 부스스한 모습
이불 속에서 막 빠져나온듯한 매무새

나이 든다는 건
남의 눈도 개의치 않고
모든 것에 자유로워진다는 걸까

중년의 인생이여
지금 필요한 것은
쉽게 익숙해진 편안함이 아니다

늘어진 일상, 태엽 감 듯
오늘을 빡빡하게 조여야 한다
더 이상 헐렁해지지 않도록

꽃씨가 전하는 말

사랑으로 가꾸었던 꽃자리
떨 군 잎마다
다시 피고 지는데
그대 떠나고 휑한 마음은
들판 여기저기를 기웃기웃

어디 한 곳도
앉을 자리가 없습니다
그냥 바람이 됩니다
봄은 또 오겠지만
그대 아픔으로 진자리에
여리디 여린 풀꽃으로
다시 피지는 않으렵니다

주말의 가치

다들 주말이라
집 떠날 채비로 분주하네요
누군 한가한가요
저도 손님 맞을 준비로
주말과 휴일 더 바쁘답니다
서비스업이 다 그렇잖아요
이 일을 시작하고는
가족과 여행, 주말 행사
쉬는 날을 포기해야 해요
여기까지 오니
지는 노을이 보이기도 하네요
바다로 떨어지기도 하고
산으로 넘어가기도
그러면 뭐 해요
제자리는 늘 한 곳인 걸요
그러면서 물어봐요
주말 너는 얼마짜리니?
대답 없으며 꾸역꾸역 일만 하네요
꽤 가격이 되나 봐요
꿈쩍도 못하는 걸 보니 말이에요

풀을 뽑다가

풀을 뽑다 보니
문득 어머니가 생각났습니다
어릴 때는 그랬지요
손 내밀면 언제나 곁에 계셨습니다
발 닿는 곳, 시선이 마주치는 곳
서둘러 짝을 맞춰 떠나온 뒤
당신 나이가 되고서야
알게 되는 것이 많습니다
밟혀도 다시 일어서야 하고
뽑혀도 새로이 뿌리내리며 살아야 하는 것이
어머니라는 것을
풀을 뽑아 손에 쥐었는데
향이 마치 어머니 내음 같습니다
그립기만 한 향香, 가슴 저밉니다
다 내어 주고도 진한 풀 향이
내 몸으로 배입니다
풀 한 줌 코끝에 대보며
불러봅니다 어머니

겨울, 그가 내린다

강을 바라본다
머리카락 바람에 날리며
반짝거리는 윤슬 위로 잡은 손
사랑의 물길이 흘러
어머니를 위한 세레나데를 들으며
물고기처럼 팔딱이던 시절

세월은 굽이쳐 변하여도
강은 그대로 사랑으로 흐르는데
아버지가 떠나고 홀로 선 자리에
휑한 바람만이 날리는 날
하얗게 그가 내린다
차갑고 뜨겁게 몸과 마음을 감싸안으며
아버지 말씀이 쏟아져 내린다

멀리서 바라본 나무 한 그루

멀리서 바라보는 당신은 홀로입니다
제 몸, 살점을 뚝뚝 내어주며
언제나 그곳에 있습니다
외로울 때는 불어오는 바람에 기대어
구슬프게 울기도 하고, 쿨럭쿨럭 기침을
쏟아내기도 합니다

간혹,
햇살이 얼비치거나
단비가 스밀 때에는
푸른빛이 돌기도 했습니다

가까이 다가가 당신을 바라보니
혼자가 아니었습니다
간혹 날아와 주는 새에게
편안한 품을 내어주었습니다

마치
타지他地로 자식을 떠나보내고
홀로 남아 그 자리 떠나지 못하는
울 어머니 같습니다

잊혀가는 이야기들

작은 골방에 삶을 붙들어 두고
삐걱거리는 문 열고 또 닫고
어여오소, 우리가 친척인 게야
그러니 이렇게 나를 찾아온 거지
이 늙은이 보러 와줘서 고마워요
어디 보자, 참으로 곱고 어여뻐라
뉘 집 딸이 이리 착하게도 생겼노
어, 내 딸!
구겨진 인생을 찾는다고
겹겹의 서랍을 열어젖히더니
천 원짜리 몇 닢 꺼내어
내 너에게 주고 싶었다
하시며 내민 주름진 손
어머니 청춘이 절름발일세
오빠야
아가 오랜만에 왔다 밥 좀 줘라
저놈의 새끼 그냥 가네
해주지 못한 것들이 많아
아가야 하루만 내 품에서 자고 가라는
어머니 말
어쩌면 오늘이 마지막 이야기가 될까

장맛비

언제 당신이 오란다고 오셨나요
어느 날 문득 모든 것을 깨우고

언제 당신이 가란다고 가셨나요
큰소리치고 오시더니
다시 방랑자 되어 홀연히 떠나셨죠

사랑도 가져갔어야지요
흔적도 지우셨어야지요

당신은 없는데
상처는 초록으로 물들어
그래도 살아갑니다

어린 삶을 다 적셔 놓고는
가버린 당신은
장맛비 같은 분이었습니다
사랑도, 아픔도 한꺼번에 내렸다 사라지는

아버지 얼굴이 퍼붓는 이 밤이
참으로 길기만 합니다

냄비 닦기
〈엄마 생각〉

어머니는 인생을 닦는 걸 즐겼어
열두 대문 안 별 땅 아씨였다나
그러면 뭐해
대문 닫히는 날
노름판에 팔려 간 삶
온종일 일해도
덕지덕지 붙는 거라곤 배고픔
음식을 안 해 먹어도
냄비는 타들어 가네 어머니 인생처럼
밭일, 들일…
그리했으면 쉴 만도 한데
틈만 나면 냄비를 닦는 어머니
반짝여지는 것을 보면서
바라는 것이 있었겠지
수십 년 지나
어머니 닮은 여자가
거울을 닦고 있다
빡빡
그러면서 돼 내는 말
나는 엄마랑은 달라
엄마는 냄비를 닦았지만
나는 거울을 닦잖아

겨울나무

내가 지금 떨구는 것이
눈물은 아닙니다
남겨 놓은 미련이
아직 바람에 날리는군요

모두 내려놓으려 합니다
지난 세월 동안
열심히 달려왔습니다

지금 내가
모든 걸 내려놓는다고
마지막 꿈까지 놓진 않겠습니다

겨울바람이 참으로
매섭고 차갑습니다
잠시 쉬려 합니다

언젠간 따뜻한 바람 불 테지요
새로 태어나는 그날 위해
하나도 남김없이
아픔을 날려 보냅니다

빈 몸이 되고, 헐벗어도
내 혈관에 희망은 그대로 흐릅니다
다시 날개가
내 온몸으로 돋아나
푸르른 날이
올 거라 믿습니다

처음

오십 년을 넘게 살면서
처음
엄마에게 꽃을 선물합니다
몰랐어요
내가 이런 자식인 줄
엄마 미안해 받아줘
사랑하고 고맙고
아
이런 말도 처음
원망만 하고 살았네
당연한 게
당연한 게 아니었는데
엄마 고생은 하나도 보질 못하고
엄마 떠난 후
이제 알게 되었네
내 마음
이곳에 걸어둘게
꼬깃꼬깃해진 시간
이젠
흘러 보내자 엄마

벚꽃 생각

축축이 젖은 땅 위로
풀 내음 흐르고
하얀 바람이 벚꽃을 흔든다

발등 보이는 나무 위로
세월은 날리고
저 너머 산등성이는 안개를 그린다

어느새 찾아온 햇살의 조잘거림
눈부신 오전 여덟 시다
잘근잘근 씹고 싶은 시간이지만
시계 소리는 껑충껑충 뛰어간다

벚꽃이 길을 떠나는 날
나는 그 뒤를 따라다녔다
혹, 길을 잃을까 봐

거짓말

아베 하늘에 둥지 틀러 떠날 때
내는 몰랐네 그기 슬픈 건지

홀로 남은 어메 정지 바닥에
포대기 하나 깔고 털썩 주저 앉아
문대기 없는 그릇 문지를 때
내는 몰랐네 그기 그리운 건지

밤새운 달빛은 정지 문턱에 걸 터 앉아
어메 어깨에 파도처럼 일렁이며
수세에 묻은 밀가루가 얼굴에 묻을 때
내는 몰랐네 그기 우는 건지

부뚜막에 기댄 선잠 속에
어메 얼굴 얼핏 미소가 보여
한 뼘도 안 되는 발로 깨금 들고
문들이며 왔다 갔다 할 때
내는 몰랐네 아베 만난 걸

아침 동이 달을 몰라 낼 때
어메가 잘 잤나 카면
입에 침까지 묻히고
"내는 잘 잣 데이" 대답하네.

길목

어머니 쌀독 긁는 소리 빈번하고
허기진 살림살이 계속될 때
가방 하나 달랑 메고 길을 나선다

겨울바람에 사립문이 옷깃을 잡아도
고자질쟁이 빗물이 발자국을 남겨도
달빛 받은 얼음 등이 길을 안내한다

달리는 완행열차에 몸을 싣고
돌아보니 부모라는 큰길을 뒤로하고
정거장에 도착한다

어둠을 환하게 밝힌 네온 등불 아래
의자에 기대어 등걸잠을 자도
가슴속으로 구겨 넣은 희망을
또 다른 길목에서 기대해 본다

밤낚시

바람 부는 방파제, 굽은 등 앞
은하수가 출렁이고
어둠 속으로 빠져든 담배 연기 흔적을 찾아
낚싯대를 드리우지만
팔딱이는 어魚는 입질 한 번 없다

허름해진 바지 사이를 비집고 들어오는
고독만이 입을 벌리니
한숨 소리마저 저수지 물속으로 입수를 해
어느 고기와 상담 중이다

중년의 남자 사이와 사이
느껴지는 외로움, 허전함을
저 깊숙한 물속에 묻고 싶었으리

어느 날
낚싯대 끝, 삶은 발버둥 치고
낚싯줄은 그의 명줄을 조이며
팔뚝의 핏줄마저 성깔을 부린다

손끝에 닿은 눅눅함
삶을 갈구하는 눈동자, 몰아쉬는 숨소리
바닷속 깊숙이 던져 버린다

들풀도 웁니다

어느 날 날아온 씨앗 하나가
땅에 몸을 누이고는 사랑이라 했다
들풀이 태어났다
여기저기 흔한 여식이라
밟혀도 일어나야 했고
바람이 불어도 흔들리지 않아야 했다
태풍 속에서도 꽃이 되리라는
희망하나 잡고 살았다
닥쳐온 불행은 넘으면 된다고 생각했기에
인생 그까짓 거 살만하다 하던 녀석

요양병원에 두 손이 잡힌 엄마를 보고
날 따라가자고 말도 못 하는 그 녀석
발길을 돌리는데
저 산 너머 노을도 얼마나 서럽게 울던지
붉다 못해 누렇게 질린 얼굴로
그 산 그 하늘 그 바다를, 온 세상을
눈물로 다 적시더라

황태

온 겨울 내내
눈바람에 누렇게 탈색된 육신
차라리 성자의 모습으로
바짝 마른 황태가 나를 바라보며
눈만 껌뻑껌뻑 말을 걸어온다
괜찮다는 말도 아니고
떠난다는 말도 아닌
퀭한 눈동자의 울림이
내 심장에 박혀 꿈틀거린다
한 동안만 눈물을 쏟아붓자
생각이 어디 뜻대로 되는가
뒷마당에 피어 있는 국화를 꺾어다
북어 앞에 누가 가져다 놓았는가
그러지 말라고
남의 것은 티끌 하나도 필요 없다던
귀로 전해지는 법어가
가슴 뜨겁게 짓누르고 지나간다

제5부

고추장을 돌려주세요

냉장고 문을 열었다
고추장 단지 뚜껑을 열어보니
고추장이 없다

해마다 새로운 고추장이
어머니 손에 의해
단지를 채우고 비우고를 반복했는데
고추장이 사라졌다

성격이 칼칼하기는 하지만
달짝지근하고
잔소리가 맵기도 했지만
속을 시원하게도 만들었던 고추장

채우지 못하는 단지 속
그 공허함과 쓸쓸함

고추장 맛이 그리워 먼 산을 바라보며
손가락 끝으로 어머니 얼굴을 그려본다
그리고 허공에 써본다
고추장을 돌려주세요

눈 내리는 날

세상이 온통 하얗습니다
쉼 없이 내리던 눈은
먼 산을 덩그러니 외롭게 만들고
들판은 그 많은 사연을 다 지웠습니다
집 앞거리에도 인생이 잠시 멈춘 날
내 마음속에 숱한 번뇌煩惱도
하얗게 눈이 내리면 좋겠습니다
힘든 내 시련을 모두 덮어주는
지우개가 되어 준다면
오늘의 아픔을 지우고
내일을 다시 쓰겠습니다

인생

초생 달로 태어나
점점 채우며
보름달이 되는 걸까

보름달로 태어나
점점 야위어 가는
그믐달이 되는 걸까

가난하게 태어났기에
채우려 애를 썼지만
삶의 길은
멀고도 험난하다

오늘 바라본 저 달은
둥글고 커다랗다

달에게 물어본다
넌 어땠니?
누구에게나 비춰주는 달아
내게도 내일이 있을까

씻을 수 있다면

대야에 물을 한가득 담았다
그동안 살아온 얼룩들 세제를 풀어
덕지덕지 묻은 슬픔을
지워지지 않는 아픔을
수세미로 문지르고 또 문질렀다
구정물이 흘러내렸다
하얗게 부서지는 물로
헹궈내고 또 헹궈 내어
깨끗하게 말려둔 수건으로
찌든 때가 벗겨진 어제를 닦아본다
내 삶도 다시 깨끗해질 수 있을까
고되고 힘든 하루를 씻어내 본다
덜거덕덜거덕
인생, 참 요란도 하지

그녀를 찾습니다

봄 날
아지랑이 피어오르는 모습만 보아도
행복한 미소를 짓던

여름 오면
파란 바다 파란 하늘이
얼굴을 비비며 웃는다고
남편 볼에 입맞춤하던

가을바람이 안단테 날릴 때
고향을 회상하며 나이 든다는 건
저 산에 아름답게 물드는 단풍이라던

겨울 손끝에 얼어버린 개울물 위로
햇살의 미끄럼 보며
우리도 저렇게 철없이 익어가자던
그녀는 어디로 갔을까요?

부스럭거리는 감정이
느낌표, 물음표를 버리고
깔깔거리며 웃던 그녀가 사라졌습니다
다시, 그녀를 찾고 싶습니다

난 돋아 날 거야

침대 머리맡에 달려 있는
하루를 눈으로 딴다
껌뻑거릴 때마다
몸속으로 흐르는 숨소리
봄이 올 거야
이 겨울 지나가면
난 돋아 날 거야
뚝뚝 흐르는 눈물 따윈
옛이야기가 될 거야
그래
꺾여도 뿌리는 땅에 두자
오늘은 숨 쉬자
오늘만 숨 쉬자
파르르 떨리는 심장소리
굳은 땅을 헤치고
고개 드는 봄
한발 한발 걷기 시작한다
살아 있음을 느끼는 순간
오늘이, 내일이
온몸으로 퍼진다

봄비

먼지 가득한 세상 속으로
비가 내리기 시작했다
툭~~ 툭
풀잎의 양 볼을 만진다
겨울 동안 잠들었던
부스스한 눈을 비비며
간지러움에
눈을 뜨는 풀잎은
수줍은 미소로
봄비를 맞이한다
바짝 마른 겨울의 삶이
조금씩 씻겨 나간다
점점 푸르름
대지에 돋아날 때
봄비가 속삭인다
"너의 겨울은 이제 끝났어."
"넌 이제 꽃으로 필 거야."

날개

어제야
너는 내게 날개였어
늘 웃게 하고
일하게 하고
행복하게 했어
몰랐어
너무 평범해서
투덜거렸던 날들
오늘이 눕게 되니
어제가 꺾였다는 걸 알게 되네
물방울을 몸속으로 채우면
다시 세상으로 속으로
날 수 있을까
더듬더듬
한걸음 한걸음 다시 태어난다는
마음으로
발을 떼고, 내일을 펼쳐본다
날 수 있다고
날 수 있다고

넌 빛이야

눈이 와도
비가 내려도
햇살이 뜨거워도
풀은 늘 웃는다
누군가 밟고 지나가도
한숨 한번 내쉬며
고개를 든다
어떤 고난이
풀을 흔들어도
늘 긍정
푸르게 살 수 있다는
깊은 긍정
그러다
지나가는 톱니바퀴
딱 한 번
찍혔는데
뿌리가 낭떠러지에
깊은 잠에 든다
끝이라 생각했다
몇 시간

길을 잃었을까
덜거덕 소리
쿵쾅쿵쾅 심장소리
다시 태어난다
그래
풀은 초록빛이야
넌 빛이야
어떤 것도 다 이겨내는
너는 빛이야

바닥이 있다는 것

바닥, 인생의 마지막이라는
느낌을 주는 단어
그래 그렇게 여겼다
삶이 밑으로만 주저앉으려 할 때
슬픔으로 가득 찼다
노력해도 일어설 수 없는 바닥을 원망했다
이게 끝이라는 생각이 들 때
온몸을 바닥에 누였다
삶의 찌꺼기가 양 볼을 타고 흘러내렸다
너의 인생은 너무 고달팠다
이제 쉬자 몸을 길게 펴며 올려다본 하늘
어둠밖에 존재하지 않는 그곳에
별들이 반짝였다
바닥이 있다는 건
다시 일어설 수 있는 휴식처가 된다는 걸
두 개의 별이 내 가슴에 떨어지고야
비로소 알게 되었다

홀로 핀 풀꽃

꽃에 물었다
너는 왜 혼자야
꽃은 대답한다
나에겐 선택권이 없어
추위를 이기고 바람에 실려
뿌린 내린 곳이
내 집이야
하지만
난 어여쁘게 피어나
나와 동행해 줄
친구 몇이면
울지 않고 살아갈 수 있어
별, 바람, 햇살, 비
고마워
부모 없이도 난
어떻게든 살아간단다

환하게 웃는 꽃

시간을 내어 주니
여유를 줍니다
온종일 서서
바쁘다 바빠를
외치고 산 지난날
한번 넘어지고
처음으로 뒤를 돌아보니
하루해가 어찌나
짧았던지
그래서
조금 천천히
삶을 걷습니다
그리고
알게 됩니다
하나를 내줘야
하나를 얻을 수 있다는 걸
바쁘다와 여유를
모두 소유할 수 없다는 걸
인생 중년
이제 조금 천천히

걸어 보렵니다
내 삶의 길에
어떤 꽃이 피고 있는지
조금씩 즐겨 보렵니다
오늘, 꽃이
환하게 웃고 있군요

새로운 내일을 위하여

구석에 있던 물건들을
다 밖으로 꺼내 봅니다
그간 불러주지 않았던 물건들
오랜 시간, 그곳을 서성이던 인연을
이제 떠나보냅니다
그리고 구석을 문질러 쌓인 삶을
걷어 냅니다
내 손이 닿지 않는 곳도 수리합니다
기술자를 불러
바닥을 새롭게 반짝이를 깔고
바스락 풀들의 세상
자갈로 입을 막아 봅니다
새로 태어납니다
풀 한 포기도 싱싱하게
구석도 빛으로
삶의 입구를 새로 만들어
오늘을 디뎌 봅니다
빛이 드는 사람은
다시 환하게 웃습니다
그렇게

묵은 지난날을
깨끗하게 청소합니다
파릇파릇한 내일
다시 채워 갑니다

봄비 편지

똑똑 바람이 문을 두드리며
편지 왔어요
문을 여니
봄비가 써 내려간 편지가
도착했다
그동안 잘 있었니
메마른 가슴 부여잡고
혼자 외로웠지
내가 너무 늦게 온건 아니지
내가
안아줄게
외롭고 허전했던
너에게
스며들게
우리가 잠시라도 함께한다면
넌
푸르게 자라
활짝 웃는 꽃이 될 거야
기다리게 해서
미안해

안으며, 눈을 감는다
그리고
눈을 떴는데
세상이 활짝 피고 있다

기적

그건 특별한 것이라 여겼다
내겐 없는 것
남들에게는 있는 것이라
하지만
깊은 잠에서
깨어나고 알았다
기적
그것은 어느 날 갑자기
떠나고 또는 올 수도 있는 것
하루 평범한 일상이 당연하다고
여겼는데
지금
숨 쉬고 있는
지금
먹을 수 있는
지금
내 곁에 사랑하는 사람이 있는
지금
내가 살아있다는 것이
기적인 줄 모르고 살아간다

하지만,
간절하게 숨을 따 본 사람은 알 것이다
기적
그거 아세요
지금
당신이 이 글을 볼 수 있다면
그건
기적이라는 걸

해바라기

큰 바위 얼굴 내 친구
목이 가늘고 길었어요
건들면 금방이라도
픽 하고 쓰러질 거 같은
가녀린 몸

하지만 그는 강했어요
사랑하는 사람이 있었거든요
그 사람만 보고 살았어요

힘들다는 투정 한번 없이
한 곳만 바라보고 인내하며 살다 보니
꽃이 되더군요

노란 얼굴에 검은 주근깨가
어찌나 귀엽던지
웃는 모습은 더 호탕했어요
커다란 얼굴을 가지고는
활짝 웃는 거 있죠

사랑해 보세요
해바라기처럼 당신의 미소가 바뀔 거예요
얼굴이 좀 크고 못생기면 어때요
사랑하고, 사랑받으면 되죠
안 그래요?

선풍기

날개를 달고 날지도 못하면서
더위가 찾아오면 바람이 된다
누군가 옮겨주지 않으면
꼼짝도 못 하는 앉은뱅이
정해진 삶을 받아들이며
외길에서 만들어내는 광주리
밥이었어
아이들 꿈이었고
앞을 못 봐도 자식에게는 의미였지
더위 속에서도
바람을 실어 나르며
꿈을 엮던
친구 미향이 아버지
가난했던 여름날
선풍기였다

수세미의 꿈

사다리 타고 올라 저 바다에 들면
노란 돛단배에 몸을 싣고
노를 저으리

파도 소리 벗 삼아
고향 포구에 닻을 내리고
옛 동무들과 못다 한 얘기 나눠야지

맑은 개울에서 물놀이해도 좋고
낙엽을 사락사락 밟아도
눈 쌓인 뒷동산에 올라도 좋으리

먼 바다에 닿으려면
하늘에 올라 두레박을 내리거나
벗어 놓은 선녀 옷을 훔쳐 오면 될까

땅에 포박당한 수세미
아득한 비상을 꿈꾸며
저 하늘 바다에서 헤엄치고 싶어라

감자꽃 필 무렵

누가 이곳에 뿌려 놓았나요
우리들의 만남을
골 깊게 애끼손가락 사이사이
약속을 하듯이
옹기종기 모여들어
재잘거리는 하얀 꽃
푸른 언덕배기에 누워
무슨 이야기 그리 많은지
하얀 꽃은
밤하늘 별도 깨우고 달도 깨워
이야기보따리
은하수로 수놓으니
아
향기 푸르름으로 스며듭니다
향이 정말 정말 진합니다
감자 꽃 필 무렵
한 편의 우정은
지금도 하얀 꽃으로 흐드러지게 핍니다
맡아보세요
유년시절 향기를

눈은 반달을 그리고
입꼬리가 하염없이 올라가네요
어머
당신 볼에 그거 뭐예요
우물이 생겼어요

얼음 등

내 고향은 지금쯤
얼음 나라가 되어 있겠지
창밖으로 들리는 하얀 소리를 따라
그곳으로 가본다

찬바람이 문풍지 잡고 흔들 때
눈이 차곡차곡 쌓이는 밤을
어머니는 막걸리 동무 삼아
외로움을 밀어내었다

심부름은 내 몫이었어
아가야~~~ 막걸리 한 되 받아 오니라
아버지 빈자리를 술로 채우며
그리움을 마시던 어머니

발에 차여서 여기저기 상처투성인
주전자를 들고
어둠 속으로 가는 길에는
달빛이 나란히 동행했고
어제 내린 겨울비에

나뭇가지는 눈꽃 등을
움푹 파인 웅덩이에는 얼음 등이 불 밝혀
술도가로 나를 데려갔었지

걸을 때마다 들리는 얼음 등 켜지는 소리가
세월 지난 지금도 사락사락 이 밤을 밝힌다

제6부

상처

눈 아래 새가 둥지를 틀었다
처음엔 한 마리 눈앞을 아른거리더니
점점 무리를 이룬다

마이신 한 알 떨어 넣으니
어디론가 날아갔다
둥지에 물 뿌리고 알로에로 청소했다

이틀…. 지나고
이제는 멀리 떠났거니 했는데
다시 새가 날아들었다
점점 둥지가 커져
눈이 깜빡일 때마다 콕콕 쑤신다

잊었다고 생각하면
물물이 날아드는 새
날카로운 그 입술로
그곳을 가차 없이 쪼아댄다

어떤 삶

좁고 낡은 연통을 벗어난 연기가
잿빛 물든 세상으로 스며들더니
곡예를 펼친다

축축한 날씨도 마다하지 않고
힘차게 밀려들더니
바닥으로 곤두박질친다

길게 뻗으려고 노력하지만
풀썩 주저앉는 순간
몸집이 커진 비까지
후드득 지나간다

흩어지는 연기는
창공 속으로 빠져들어
어느 것이 연기 빛 인지
어느 것이 하늘빛 인지 가늠이 어렵다

어떤 이의 삶
그 빛깔은 먹색이었다
붉은 물이 들기 전까지는

허기

소리가 계단을 타고 오른다
열리지 않은 아침
계단을 따라 오르는 운동화 바퀴
쓰레기차 빈속을 채우는 소리에
눈을 뜬다

삶의 주린 배 채우며
장거리 달리기
끝없이 펼쳐진 트랙
허기의 끝은
길게 그어진 선 하나

텅 빈 가슴은 그대로
비워진 것이 있으면
채워질 것도 있으련만
인생의 공복기
끝없이 요란한 소리를 낸다

여름휴가

세월 속에 갇힌 새
잠긴 문이 열리는 순간
자유로운 날갯짓인 양
도로 위 달리고 달려
다다른 동해 푸른 물결이
어제를 어루만진다

치열한 경쟁
바다 깊은 곳으로
밀어내고

유연해진 지평선 끝으로
몸을 누인다
잠깐
시원한 바다와 한 몸이 된다

낙엽

아가
아버지가 하늘에서
너를 보고 있단다

내가 떠나던 날도
이런 겨울이었지

어린 네가 혹여
넘어져 상할까 봐
아버지 마음을
차곡차곡 깔아 두었지

아가
낙엽 냄새를 맡아보렴
꼭 가마솥에 네 어머니가 끓여주던
누룽지 내음이 나지 않니

홀연히 떠난다고 해서
추억까지 가져가지 못했단다
네가 걸을 때마다

아버지가 속삭이지 않니?
아가 사랑한다고, 사락사락

정지선 위에서

처마 끝 바쁜 비는 어디로 가는 걸까
가쁜 숨 헐떡이며 달리기를 하다
바닥을 향해 곤두박질도 치고
해 뜨면 무엇이 두려운지
홀연 사라지기도 한다

느릿해진 걸음걸이는
열 평짜리 골방에 미련을 밀어 넣고
비에 젖어 보고 눈에도 젖어 보지만
무거운 육신을 떼지 못한다

열심히 뛰어도 사라져 버릴
물방울이, 꽃잎이, 청춘이
하지만 아직은 정오 12시
질퍽거리는 길 위에 서 있을 순 없어
무거운 발길을 뚜벅뚜벅 옮겨본다

없다

퇴근하여 집으로 올라가니 불빛도
현관을 즐비하게 차지했던 신발도
밥솥에 가득 차 있던 밥도
냉장고 속을 들여다보니 층층을 채우던
반찬도 없다

거실에서 뛰어나와 퇴근하는 나를 반기던
아이들도 없고
먼저 퇴근해 집안일을 도와주던 남편도
약속이 있다고 나갔다
초침 소리만 집안에 구르고
사람 소리는 비었다

때가 되면 없어지는 것들
채우려 달려왔는데
하나둘씩 떠난다

이런 날은
창문을 열고 창공으로 활짝
날개를 펼쳐보고 싶다
그럴 수 있을까!

목련

길 떠난 당신
봄에 온다기에
나뭇가지마다 걸어두었어요
하얀 백열등

겨우내 준비했어요
힘센 바람이 훼방을 놓아도
땅 속의 온기 꽉 붙들고

혹
집으로 오는 길
잃어버릴까 봐
제 몸 구석구석
불 밝혀 두었어요

이제 오시면 됩니다
지난 시간 훌훌 털고
봄의 따뜻한 품으로
안기면 됩니다

그대 안기면
하얀 소망 바람에 실어
뜨거운 내일이 되렵니다

나뭇잎 떨어져

새로운 문 열고 들어갔다
먼저 반기는 푸르른 거목
내미는 손 덥석 잡았다
나뭇가지 눈을 트는데
계절이 간다
봄, 여름, 가을
그러다 어느 겨울
꼭 잡고 있던 손을 놓아버린다
그렇게도 매달리는
아롱이는 나뭇잎 두고
나무는 하루하루 병들어 갔다
혀끝에 무너져
뿌리가 썩고
가지는 부러지고
엑스레이에 비친 모습은
앙상한 겨울만이
나무는 피기 시작하는 나뭇잎
손도 놓아버린다
갑자기 찾아온 오늘
거센 바람에 비틀비틀

땅속으로 스며든다
그리고
다시 봄으로 피어나는 잎새

소고기국 처방

어제 술을 과하게 한 남편을 위해
소고기 국을 끓였다
밥 한 그릇 말아먹으며
어제가 이마 위 땀으로 줄줄
시원하다를 외친다
뜨거운 것이 몸속으로 들어가
몸 안에 눌어붙은
스트레스를 주물러댄다
뭉쳐 있던 고단함이
빠져나간 몸은
비로소 가벼워지는가

여름날 소나기
-미용실 소묘-

이른 시간 울어대는 전화기
고객 이름 둥둥 떠 노를 급히 젓는다
가게 앞이라는 말에
허둥지둥 헝클어진 머리카락
흐르는 물로 빗질하고
간밤 깊은 잠에 소복이 쌓인 돌덩이
손으로 부수며
계단을 미끄러지듯 내려가
아무 일 없었다는 미소로
가게 문 열고 들어가
한 명만 후딱 하면
얼굴에 그림 그릴 시간 나겠지

그것은 바람
점점 머리카락은 부풀어 사자머리
미용실 원장 인지
동네 아줌마 인지
시간 나기를 기다리면
바닥에 머리카락 소나기 되어 내리고
뱃속 전쟁도 말릴 수 없이 퍼붓는
비를 피해 갈 제 간이 없네

어느 소녀의 꿈

유년의 뜰 기둥도 없는 작은 집
까치는 개울가에서 검불을 물어 나르며
집을 지었지요
무릎에 피 멍이 들기도 하고, 바지가 해져
너덜거리기도 했지요

나뭇잎 걸쳐 입은 집은 수시로
바람이 드나들었습니다
간혹 비바람에 주저앉기도
그렇다고 그대로 무너지지는 않았습니다

세월 가다 보니
마당이 사회로 바뀌었더군요
매연의 숲
아득하고, 미로 같았습니다
서서히 빠져나왔습니다

몸집이 커지고 마음도 자라더군요
가슴이 넓어질 때, 세상을 조금 알아 가면서
결혼을 했습니다

행복이 이런 거구나 했지요
이렇게 사는 것이 꿈인 줄 알았습니다

어느 날, 욕심이 자라고 있습니다
작은 꼬마 아이가 버리지 못했던 꿈

이젠, 글 속에 그 꿈을 차곡차곡 심어봅니다
언젠가 내게 찾아온 행복이 그랬듯이
꽃은 피겠지요

찔레꽃이 내린다

하얀 꽃송이가 훨훨 내린다
추억이 내린다
너, 사탕 먹어봤니
아니
너, 과자 먹어봤니
아니
너, 빵 먹어 봤니
아니
너 그럼 찔레 먹어봤니
응
유년시절
내 입을 달래주던
사탕, 과자, 빵이
내 코끝에 향기로
내 입속 달달함으로
햇살 가득 날린다
아! 배고팠던 시절
나를 달래주던
그 찔레가

세월을 데리고
이젠
꽃으로 내린다

배고프다

바람이 몹시 불던 날 이사를 했다
구멍이 커지는 가슴을 막아 보려고
오래 살던 동네를 떠났다

도롯가 두 번째 상가
깔끔하게 옷을 갈아입히고
색조 화장에 미소까지 담아
손님을 기다리면
금방이라도 줄을 설 거 같다

어느 날
옆 공터에 건물이 올라간다
높이 올라갈수록 가게는
시야에서 점점 멀어지더니
더 이상 보이지 않는다

처음에는 밥그릇에 숟가락 올리더니
시간이 지날수록 그냥 삽으로
밥을 푹 퍼간다
손님 발걸음이 뚝 끊겼다

가게의 뒷모습은 눈물이 그렁그렁하다
한숨은 바닥으로 내려앉아
밥공기 어딘가에
걸쳐 앉아
꼬르륵꼬르륵

선물 같은 오늘

열~열~열심히 살아온 나에게
선물을 줍니다
이른 아침 햇살도 한 줌 따주고
벗들과 농담시간도 틀어줍니다
그러다
우연히 만난 향가에게
나의 목소리로 노래를 부릅니다
그리고 난
가수가 됩니다
언제
이런 시간이 내게 있었던가요
달리기만 했기에
획 지나가버린 숲
그래도
열심히 살아왔기에
이런 날도 오지 않을까요
고맙다 오늘아
선물 같은 오늘아
희망을 내게 선물로 주어서

긍정을 심다

마음 밭에 긍정을 심자
긍정을 심지 못하면
그냥
뿌리째 뽑아버리자
팥 심은 데 팥 나고
콩 심은 데 콩 난다고
하지 않던가
어쩔 수 없이 해야 한다면
그래
된다 할 수 있다
나는 이룰 수 있다를 심자
슬픔 따윈
아픔 따윈
아예 뽑아버리자
새로운 해
당신의 긍정은
꽃으로 환하게 피어난다

터널을 만난 다는 것

인생 비가 쏟아지는 날
달리기만 했지
그러다가 만난 어둠
아! 이제 끝이구나
생각할 때
비를 막아주는
터널을 만났어
어둠 다 나쁜 줄만 알았는데
잠시 쉬어가라는
그러니
너도 달리기만 하지 마
지금 어둠을 만났다면
잠시 쉬어가라는 의미야
분명
다시
태양이 너를 비출 테니까
그리고
어둠 속에 무지개가
숨어 있더군
이제
너에게로 비춘다

지금처럼

바라는 것이 없으니
모든 것들이 그득하여라
불던 바람도 봄 따라가버렸는지
따사로움으로
우리 살아가는 길은
저 하늘 얼굴 같으니
어떤 날은 햇살 가득히 웃고
어떤 날은 천둥번개 치고
어떤 날은 비도 내리 더구나
그래도 오지 않던가
봄

건배

잔을 부딪치며 건배를 지른다
학창 시절 하늘 같은 선생님이었는데
40년 세월 흐른 뒤
술잔을 기울이는
시절 친구 같은 선생님
세월이 가져다준
흰머리 주름은
선생님이나 제자나
우리 친구인가
서로의 눈을 바라보며
이어진 인연에
잔을 부딪히며
건배를 외쳐본다

탓

잠을 뜯어먹는 새벽 청소차 소리
서지 말아야 할 문턱을 넘는 경적은
밤하늘 숨어 있던 별까지 깨워
꿈을 부수고 행복을 떨어내고
고된 하루에 쇳덩이까지 올려놓는다
어제 먹은 것이 체한 탓인가
시끄럽게 쏟아 내는 일상의 부스러기
탓하다 밤을 새워버린 날의 우리

제7부

5월

풀들도 꽃이 되는 계절
아침이슬 내려앉은
풀의 눈을 바라봅니다
맑은 눈망울 속에
푸른 하늘이 가득 차 있고
입술을 바람이 흔들고 지나갑니다
툭툭
몇 번을 그리 건들었을까요
껌뻑, 새벽 눈을 비비며
환한 미소로 피어납니다
길 여기저기
기댈 수 있어도
기댈 수 없어도
나는 꽃으로 핍니다

7월 연꽃의 미소

장맛비가 며칠 동안 내렸어요
하늘은 늘 잿빛이었지요
다시는 해가 뜰 거 같지 않았는데
어느 날 먹구름이 밀려나네요
태양이 부지런히 구름을 걷어내고
고개를 내밀었어요
하늘은 말간 얼굴로
다시 그대를 비추네요
그 많은 비를 받아 냈다고
연꽃밭은 온통 흙탕물이랍니다
그래도 괜찮아요, 지나가거든요
장마를 이겨낸 연꽃의 미소는
더 맑고 영롱합니다
어려움을 이겨낸 삶이
참으로 곱고 단아합니다

가로등 당신

캄캄한 어둠
여기로 저기로 서성이는 새벽
어둠을 밝히고 있는 게
누군지 아니
나야 나
너에게 힘든 어둠이 찾아오면
잊지 마
난 늘 너의 길을 밝혀준다는 걸
그리고
어둠 분명 사라져
밝음이 너와 동반한다
언제나
가로등은 말없이
나를 비추는 당신

겨울이 오는 길목에서

하얀 서리가 온 세상에 내렸어요
은행잎 위에도
단풍잎 위에도
배추 위에도
무 위에도
하얗게 내렸어요
"내가 무겁지?" 하며 속삭여요
낙엽이 이렇게 대답했지요
"더 강해질게."
그랬더니 맑은 햇살은 방긋 웃더니
서리를 모두 안아 버리네요
순간에 서리가 사라졌어요
마음이 말해요
힘든 순간은 모두 어느 순간 사라지는 거라고

괭이꽃을 보며

구석지고 메마른 뜰에도
인적 없이 바람만 머문 뜰에도
어느 곳이든 마다치 않고
아침이면, 이슬로
세수한 맑은 미소

금빛 얼굴
작은 키를 곧추세우고
초록 치마폭에 당당함을 품은
너를 닮고 싶다

글을 씻어요

비가 엄청나게 퍼붓는 날
일기장을 열었다
오랫동안 가둬 두었던
슬픈 사연들을
저 빗속으로 떠나보냅니다

나에 일에게

네가 없었으면
난
지금 어떻게 버틸까
나를 그렇게 사랑해 주는
나를 그렇게 아껴주는
나의 말이라면 다 들어주는
시어머니를
중환자실에 모셔놓고
머릿속만 뒤죽박죽
그 무엇도 할 수 없다
그저 지켜보고, 기다리고
무표정이
거울 속을 기웃기웃
미용
이 일을 하지 않았다면
난 지금을 어떻게
보낼 수 있을까
시간도 흐른다고!
그런데
내 머릿속 엉킨 생각은

왜
고여 있지!
그래도
엉킨 순간을 잊게 해주는
내
일
고맙다

당신, 아무런 말이 없어도

내 삶에 바람이 치면 길을 떠나요
답답한 마음 풀어헤치러 그곳에 가면
그는 아무런 표정도 없이
저를 맞이한답니다
반갑다, 어서 오라는 말 한마디 없어도
저는 주저리주저리 아픔을 쏟아 냅니다
손님 때문에 힘들었다는
어머니를 요양병원에 모셔 마음이 아프다는
아들이 말 안 들어 슬프다는…
뭐 그리 바람이 잦은지
늘 가지는 부러지고, 또 새살이 돋는다고
투정을 부려도
그는 내 말만 들어준답니다
늘, 같은 자리에서
한마디 말없이 무뚝뚝하지만
속을 어느 정도 비워낸 내 후에야
양손 합창하고 인사를 합니다
그리고는 발길을 돌려 왔던 길로 돌아갑니다
떠나는 저를 보고도 그는
아무런 말이 없습니다

북천거랑

아침만 되면 나를 불러내는 바람
그곳에서 보잖다
한겨울 꽁꽁 얼어붙은 땅에
날 위해 푸르름도 펼쳐 놓고
몇몇 꽃송이의 미소도 심어 놓고는
만나잖다

북천거랑에 가면 흰색 장단이
어제를 씻으라고
오늘을 맞이하라고
노래를 목청껏 불러준다

씻긴 어제가
오늘로 환생해 붉게 내일로 떠오른다
아! 가슴 가득 차오르는 그 힘
콸콸콸

말은 쉬운데

'하루 문 닫으면 어때'
친구의 말은 늘 그렇게 쉽게 나온다

하루 문을 닫으면
나도 모르는 일들이 일어나요
한 번에, 신용은 바닥으로
꼭 닫힌 문 앞 서성이다
돌아서는 뒷모습에는
실망이라는 단어가 선명히 그려져요

한 집 건너 같은 가게
평생을 기다리며 살아가요
늘 오던 길 돌아선 발걸음
다시 오지 않을 수도 있다지요

말은 너무 쉬운데
너무나 어려운 일
'가게 닫고 가자'

이래도 저래도 미안한 마음
친구를 따를까, 가게 문을 닫을까
그것이 인생이 될 줄 몰랐어요

가을이 오는 길

길게 뻗은 길 위에
끝이 보일 듯 말 듯
그려지는 이야기들

찬바람 불어야
고추가 붉게 익고

수건을 머리에 두른 할머니 새참
논둑에 내려놓으면
할아버지 막걸리 한 사발에
석양을 타서 마신다

툴툴거리는 경운기는
언제 가을이 이리 빨리 묻어왔냐며
담배연기만 뿜어내고

머리카락 허연 나무는
하늘 향해 양팔 쭉 뻗어
당당하게 서 있지만
감나무에서는 슬슬 감感이 떨어진다

어느새 곡주에 취한 노을은
산 중턱 너머 턱하니 걸터앉아
아래를 굽어보며

내게 귓속말로 속삭인다
가을은 그렇게
서서히 걸어오는 중이라고

절이 늙었습니다

절이 늙었습니다
기둥은 허리 굽어 바닥을 바라보고
벽은 주름이 자글자글 합니다

풍채 좋던 몸집은
한 끼도 챙겨 먹지 못했는지
쪼그라들어 가냘프기까지 합니다

하늘은 구름 한 점 없고
사방으로 녹음은 짙어 낯빛이 훤하며
들녘도 여름으로 청춘 이것만
당신은 너무도 늙었습니다

일곱 살 때 그 소녀
깨알 같은 추억이 옷자락을 잡아
이곳에 왔습니다
강산이 수차례 고개를 넘는 사이
그리움이 이렇게 짙게 물드는지 몰랐습니다

코끝으로 흐르는 눈물방울 속에
작은 소녀는 아직 이곳에서
천진하게 뛰어놀고 있습니다

세월에 걸친 고의적삼이
해지고 삭는지 진정 알지 못했습니다

초록과 분홍이 만나면

아직 메마른 산
움트는 초록
살짝 웃는 분홍빛
바람이 볼을 스친다
봄아 너는 언제 올래
나 먼저 꽃을 켤게
하는 소리에
움츠렸던 겨울이
연둣빛 기지개를 켠다
분홍빛 미소는
이 산 저 산
꽃을 밝히고
너도, 나도
산은 초록으로 물들고
분홍빛으로 피어나
봄을 알리기 시작한다

사는 이유

며칠째 비가 추적이며 내린다
늘 햇살 같은 마음도
어쩔 수 없이 비에 젖는다

심난의 연속
내리는 비를 밟으며 길을 나선다
잿빛으로 젖어있는 하늘 아래
울고 있는 새에게 말을 건넨다

"까치야 너는 왜 사니?"

대답이라도 하듯
날개를 펼치더니
옆 전선으로 옮겨 앉는다

어린 새가 울고 있는 옆에
내려앉으며
날개를 접는다

갈잎의 교훈

부스럭부스럭
갈잎은 말라 있다
손으로 건들면 툭툭 떨어지는
고통도 견디며
네게 말을 건넨다
너의 봄은
네가 살아 있는 동안 온단다
나도 그래
나의 봄은
내가 살아 있는 동안 돌아오지
오늘 내가 물기 하나 없는 갈잎이지만
좀 있어 봐
나의 봄
너의 봄
오면
우리는 다시 푸르러질 거야
나처럼 너도
이 추운 겨울 우리 견디자
그리고 봄이 왔다

갈잎은 어디로 갔을까
그 자리에
푸르름이 펼쳐졌다
희망이 세상 그득하다

그냥 그렇게

식탁에 앉아 젖은 밥술을 뜨면서
먹는 건지 삼키는 건지
문득 당신이 생각납니다
나를 알아 달라는 게 아니에요
아니, 당신을 알려고 하는 것도 아니랍니다
당신은 회사원, 나는 자영업자
우리 서로를 어찌 다 알까
그냥, 이쯤 되면 서로 아끼자는 것이요
배만 불리는 내가, 네모에 갇힌 내가
먼 길 출근하는 당신을, 여기저기 뛰어다니는 당신을
어쩜, 우리는 이렇게 모든 것이 반대였는지
그래도 어쩌겠어요
우리가 함께한 지 벌써 반 세월이 지나갑니다
이쯤 되면 우리 서로 그냥
이유 없이 사랑하며 늙어갑시다
이마에 주름마저도 미소를 그리도록
그냥 그렇게

나비와 같은 마음
-어머니 요양원에 모시며-

나비가
이 꽃 저 꽃에
날아듭니다

이럴까, 저럴까
방황하는
나비의 날갯짓

어느 것도
선택할 수 없는
그 몸짓은
허공을 돌고 또 돕니다

꼭,
제 마음 같습니다

시詩 아버지

하늘이 맑은 어느 가을
거리마다 물들고 있어요
어떤 나무는 붉은 잎을
어떤 나무는 노란 열매를
거리에 부는 바람도
시가 되는 계절입니다
뭐가 그리 급했을까요
이제 막 낙엽이
지기 시작했는데
사각거리는 서정을 밟고
돌아오지 못하는 여행길로
떠나시는 아버지를
바라보는 시詩 딸은
가슴이 먹먹합니다
제 손 잡고
시의 걸음마를 가르치던 날이
어제만 같은데
그리 먼 길 떠나시다니
아닙니다
떠나지 않았습니다

그 많은 아버지의 시가 숨을 쉬고
심장이 되어 뛰고 있습니다
영원히 영원히 우리 곁에

행운목 꽃 피우다

작년부터 행운목이 시름시름
아프기 시작했다

하루가 다르게 시들해져
물에 약을 타서 뿌려도 보고
깨끗하게 씻어도 봤다
고개를 드는 것 같더니
다시 허옇게 검버섯이 늘어난다

아픈 상태로 하루를 이어간다
이렇게 저렇게 손을 써보지만
별 효과가 없다

어느 오월
아픈 몸속에서 하얀 꽃이 피어
물 한 모금 달라는 눈빛이 애달프다

요양원에 누워
손자 녀석 결혼식에 못 간
어머니 눈빛이 행운 목 꽃에 어린다

야윈 몸 이끌고
피붙이 보고파 꽃으로 피었던가
행복하거라, 행운 가득하여라
그 마음이 꽃으로 왔을까!

연둣빛 유혹

푸르름이 내게 손짓을 한다
손잡고 나들이 가자고
이 산 저 산 연둣빛은
나의 마음을 흔든다
그래서
덥석 손을 잡았다
아
이런 게 떨림, 두근거림
사랑의 빛깔은
붉은색만 있는 줄 알았는데
연둣빛이
나를 소녀로 만들어
가슴속 가득히
푸르게 푸르게 물든다

지금 여기
행복의 장소

초판 인쇄   2025년 4월 1일
초판 발행   2025년 4월 7일

지은이 손성자
발행인 임수홍
편 집 맹신형

발행처 도서출판 국보
주 소 서울 강동구 양재대로 114길 32 2층
전 화 02-476-2757~8   FAX 02-475-2759
카 페 http://cafe.daum.net/lsh19577
E-mail kbmh11@hanmail.net

값 15,000원

ISBN 979-11-89214-91-3

· 저자와의 협약에 의해 인지는 생략합니다.
· 이 시집의 글은 저작권법에 따라 보호를 받는 저작물이므로 저자와
  출판사의 동의 없이는 무단 전재 및 무단 복제를 금합니다.

· 잘못된 책은 바꾸어드립니다.